MÉLANGES MILITAIRES

VI

QUELQUES IDÉES SUR LE RECRUTEMENT

PAR

G. B.

PARIS
CH. TANERA, ÉDITEUR
LIBRAIRIE POUR L'ART MILITAIRE ET LES SCIENCES
Rue de Savoie, 6

1871

QUELQUES IDÉES

SUR LE

RECRUTEMENT

PUBLICATIONS

DE LA RÉUNION DES OFFICIERS

I. — L'Armée anglaise en 1871, au point de vue de l'offensive et de la défensive.

Brochure in-12. . . . . 25 cent.

II. — Organisation de l'armée suédoise. — Projet de réforme.

Brochure in-12. . . . . 25 cent.

III-IV. — Mode d'attaque de l'infanterie prussienne dans la campagne de 1870-1871, par le duc GUILLAUME DE WURTEMBERG, traduit de l'allemand par M. CONCHARD-VERMEIL, lieutenant au 13e régiment provisoire d'infanterie.

Brochure in-12 . . . . 50 cent.

V. — De la Dynamite et de ses applications pendant le siége de Paris.

Brochure in-12. . . . . 25 cent.

---

884 — Imp. H. Carion, rue Bonaparte, 64.

QUELQUES IDÉES

SUR LE

RECRUTEMENT

PAR

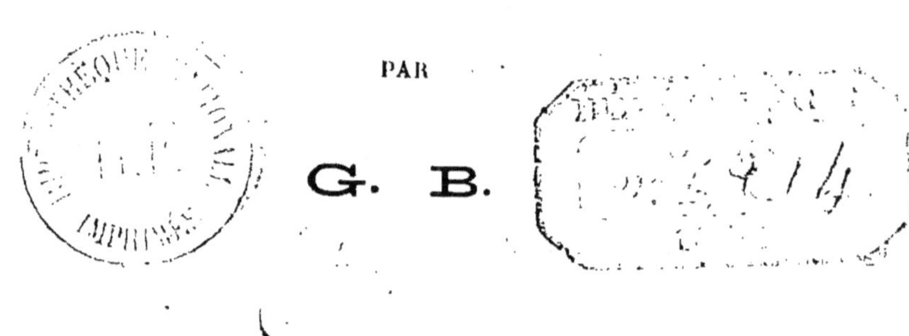

G. B.

PARIS

CH. TANERA, ÉDITEUR
LIBRAIRIE POUR L'ART MILITAIRE ET LES SCIENCES
Rue de Savoie, 6

1871

AVANT-PROPOS.

L'auteur n'a pas la prétention de présenter ici une loi de recrutement. Il est profondément convaincu que le service obligatoire doit être la base de réorganisation militaire, et son but est de montrer que l'idée de service militaire obligatoire n'est pas liée fatalement *à l'idée de tout le monde soldat;* que cette idée de tout le monde soldat est pernicieuse en ce sens qu'elle amène à ne faire passer aux jeunes gens qu'un trop petit nombre d'années, deux ans au plus sous les drapeaux, et par suite à constituer une armée qui n'aurait ni cohésion, ni discipline, ni esprit militaire.

Il conclut que le contingent doit être partagé en deux portions : l'une appelée pendant la paix, l'autre laissée dans ses foyers, et toutes deux soumises au service pendant la guerre, avec interdiction absolue de toute permutation on substitution d'une portion à l'autre.

Les jeunes gens instruits, intelligents faisant partie

de la première portion, ne pouvant se soustraire au service, introduiront dans l'armée des éléments excellents avec lesquels toute réorganisation militaire deviendra facile et tout progrès possible.

Novembre 1871.

QUELQUES IDÉES

SUR LE

RECRUTEMENT [1]

C'est une erreur de croire qu'en Prusse tout le monde soit soldat.

Le service militaire est obligatoire, il est vrai, mais il n'en résulte pas que tous les jeunes gens d'une même année soient appelés sous les drapeaux. Tous ceux qui ne sont pas exemptés du service militaire sont soumis au tirage au sort et, par le fait, le contingent annuel des jeunes gens se divise en deux groupes.

Le premier groupe, seul appelé sous les drapeaux en temps de paix, passe trois années dans l'armée active, quatre dans la réserve et cinq dans la landwehr.

Les jeunes gens du deuxième groupe, tout en étant inscrits sur les contrôles des régiments de l'armée active, ne sont *jamais* appelés en temps de paix, pas même à des exercices de courte durée. Ils ne sont appelés qu'en temps de guerre, au fur et à mesure des besoins, en commençant par les contingents les plus jeunes : ils sont alors envoyés, pour s'instruire, dans les dépôts des régiments sur les contrôles desquels ils sont inscrits et de là aux bataillons actifs de ces

(1) Extrait du *Bulletin de la Réunion des officiers*, n° 11, 2 décembre 1871.

mêmes régiments, pour combler les vides produit par la guerre. Ils constituent ce qu'on appelle les Ersatztruppen ou troupes de remplacement.

Il résulte de ce qui précède que le service militaire en Prusse est obligatoire pour tous, en temps de guerre, et qu'il ne l'est, en temps de paix, que pour les jeunes gens désignés pour faire partie de la première portion du contingent. La loi prussienne interdit de la manière la plus absolue, toute permutation ou substitution des jeunes gens d'une portion du contingent à l'autre.

De cette erreur, partagée par une grande partie du public, que, le principe de l'obligation du service militaire une fois admis, il est nécessaire que *tout le monde soit soldat*, on est amené à croire qu'il faut appeler sous les drapeaux, pour faire partie de l'armée active, la totalité du contingent des jeunes gens atteignant 20 ans, aptes au service, soit en France 160 ou 170,000 hommes et, par suite, à cause des dimensions restreintes du budget de la guerre en temps de paix, qui ne permet pas d'entretenir plus de 400,000 hommes sous les armes, à ne faire passer à ces jeunes gens que 2 ans ou 3 au plus dans l'armée active.

Deux années de service, ou même trois sont-elles suffisantes pour former une armée instruite et disciplinée? Nous n'hésitons pas à dire non.

Pour avoir un soldat, il ne suffit pas de lui apprendre à se servir de son arme, à marcher avec ou plus ou moins d'ensemble. En dehors de cette instruction, pour ainsi dire matérielle, il y a encore la discipline et l'habitude de la discipline à laquelle il faut le rompre. Pour maintenir au milieu des balles des hommes qui, avant tout, ont l'instinct de la conservation, la dose de courage, attribuée à chacun, n'est généralement pas suffisante. Il faut un lien de fer, il faut la discipline et tout ce qu'elle entraine avec elle, l'obéissance passive, la crainte des châtiments et de la honte, l'espoir des récompenses. Il faut *l'esprit militaire* qui ne s'improvise pas, qui se fortifie par l'exemple des anciens, qui s'exalte des traditions du passé et qui ne saurait exister dans une armée formée de jeunes gens qui resteraient 2 ans ou 3 à peine sous les drapeaux.

La dernière guerre a montré jusqu'à l'évidence, ce que valait une armée sans discipline, sans cohésion, sans esprit militaire. Rien de tout cela ne pouvait exister alors que nos régiments, l'avant-veille, la veille et quelquefois même le matin du jour où ils étaient engagés, recevaient 5 ou 600 jeunes gens de la réserve, qui, se connaissant à peine entre eux, ne connaissaient ni leurs caporaux, ni leurs sous-officiers, ni leurs officiers et n'en étaient nullement connus, et que ni l'amour propre ni la crainte d'être reconnus au moment où ils commettaient une lâcheté ne retenaient près de leur drapeau, autour duquel se faisaient tuer leurs camarades plus disciplinés mais trop peu nombreux.

Il est à notre avis, nécessaire que les jeunes gens séjournent plus de deux années dans l'armée active. Les Prussiens estiment que trois ans suffisent, et ces trois années, grâce au caractère discipliné de la population allemande, suffisent en effet.

En France il faut au moins 4 années de service effectif pour avoir une bonne armée. Vis-à-vis de cette impérieuse nécessité, et de l'impossibilité d'avoir sur pied plus de 400,000 hommes en temps de paix, le contingent des jeunes gens de 20 ans aptes au service, ne peut tout entier entrer dans l'armée active. Il est donc indispensable que ce contingent soit divisé, par la voie du tirage au sort, en deux portions, la 1re appelée pendant 4 années dans l'armée active, la 2e appelée seulement en temps de guerre.

Ce chiffre de 4 années est d'ailleurs assez difficile à discuter,

Il est certain qu'il ne faut pas 4 ans pour former un fantassin. un cavalier ou un artilleur, si l'on n'envisage que l'instruction que nous qualifions plus haut de matérielle. Mais pour donner à chacun des éléments de l'armée, de la discipline, de la cohésion, de l'esprit militaire; 4 années seraient à peine suffisantes.

Ici se présente une question fort importante, celle des exercices de la 2e portion du contingent pendant le temps de paix. Faudra-t-il à cet égard continuer les errements du passé, c'est-à-dire astreindre à des exercices plus ou moins longs les jeunes gens qui ne doivent être appelés sous les drapeaux qu'en temps de guerre?

Je ne le crois pas. Sans doute pendant les quelques mois d'exercices qui leur seraient imposés, les jeunes gens pourraient apprendre le maniement de leur arme et l'école de peloton : mais gagneraient-ils cet amour de la discipline, cet esprit de corps que nous voulons leur donner? n'y perdraient-ils pas au contraire le peu de goût qu'ils auraient pu avoir pour le métier militaire? et par leur indiscipline, leur insouciance, leur mauvaise tenue ne seraient-ils pas du plus mauvais exemple pour leurs camarades de l'armée active, à côté desquels ils devraient nécessairement être appelés pour ces exercices?

1er Exemple. Mauvais résultat qu'on a obtenu avec les réserves qui passaient 3 mois la 1re année, 2 la 2e, dans les régiments. 2e Exemple. Indiscipline, mauvaise tenue des bataillons de mobiles de la Seine, les quelques dimanches pendant lesquels on les réunissait à Paris pour les instruire.

Dans tous les cas l'instruction superficielle, qu'auraient reçue ces jeunes gens, ne pourrait leur être donnée, qu'au prix de complications de service et de dépenses qui ne vaudraient pas le résultat obtenu.

Les Prussiens, gens pratiques, n'appellent pas en temps de

paix leur 2e groupe du contingent (Ersatztruppen). Les jeunes gens qui en font partie sont inscrits sur les contrôles des régiments de l'armée active, et tant que règne la paix, laissés dans leurs foyers. Aussitôt que la guerre éclate, ils sont immédiatement dirigés sur les dépôts, dont ils ne sont d'ailleurs jamais bien éloignés, et en quelques semaines d'exercice, sous l'influence des événements, ils gagnent autant sinon plus qu'en quelques mois en temps de paix.

Notre 2e portion du contingent ne serait donc pas exercée en temps de paix.

Voyons d'ailleurs, sans avoir recours aux 2e portions du contingent les ressources en hommes instruits et exercés au début d'une guerre.

Nous avons fixé à 4 le chiffre des années de service passées dans l'armée active : prenant chaque année 100,000 hommes par contingent, nous aurons 400,000 hommes d'armée active. Ce chiffre est loin d'être suffisant en temps de guerre. Nous compléterons avec les hommes de la réserve, l'effectif de guerre qui ne peut dépasser 800,000 hommes par la raison que les cadres d'une armée ne peuvent s'élargir indéfiniment et qu'il semble difficile de plus faire que doubler pour le temps de guerre les effectifs fixés pour le temps de paix. Cette réserve sera formée de 4 contingents de jeunes gens qui ont passé 4 ans dans l'armée active.

L'armée active comprendra donc 8 contingents de cent mille hommes au moins, parfaitement instruits et exercés, ayant tous ou à peu près passé 4 années sous les drapeaux.

Derrière cette armée active, nous aurons une 2e armée que nous appellerons garde mobile, ou garde nationale, ou garde du territoire et qui sera formée exclusivement des hommes sortant de la 1re armée. Ces hommes passeront 7 ou 8 ans dans cette 2e armée et seront ensuite définitivement libérés.

Cette 2e armée constituera donc une force d'environ 7 ou

800,000 hommes avec ses cadres spéciaux, composés d'hommes ayant tous passé 4 ans sous les drapeaux.

La guerre nous trouvera de la sorte avec une armée de 14 à 1,500,000 hommes tous exercés.

Les deuxièmes portions du contingent seront appelées dès le début des hostilités dans les dépôts, instruites rapidement et envoyées dans les régiments pour combler les vides faits par la guerre. Ils n'introduiraient en définitive dans les corps de troupes qu'un nombre de recrues relativement peu considérable.

On peut résumer ce qui précède dans les propositions suivantes formant la base du système que nous indiquons :

1° Division du contingent annuel des jeunes gens aptes au service, par la voie du sort, en deux portions, avec interdiction absolue de remplacement ou de substitution.

2° 1re portion soumise pendant 15 ans au service militaire et passant :

4 ans dans l'armée active;

4 ans dans la réserve de l'armée active et 7 ans dans la 2e armée.

3° Fixation à 100,000 hommes chaque année, par une loi, de la 1re portion du contingent.

4° Appel des 2e portions en temps de guerre, par une loi.

Ce chiffre de 15 années peut paraître exorbitant. Mais si l'on considère que pendant ces 4 années de service dans la réserve, les jeunes gens sont appelés qu'à des exercices de courte durée, 8 à 15 jours par an, que pendant les 5 ans de présence dans la 2e armée, ces exercices seront plus courts encore, et que les jeunes gens pourront y jouir de leurs droits d'électeurs et de la faculté de se marier ; on voit que les charges sérieuses du service se réduisent en réalité aux 4 années de service pour l'armée active.

Constitution des cadres. — Nous ne nous occuperons pas ici des cadres de l'armée active, que nous supposons établis de manière à encadrer une force de 400,000 hommes en temps de paix et de 800,000 hommes en temps de guerre ; nous ne parlerons que de la constitution des cadres de la 2e armée qui sont entièrement à créer.

Ces cadres ne doivent rien coûter à l'Etat en temps de paix et cependant être autant que possible à la hauteur de la tâche qui leur incombera en temps de guerre, c'est-à-dire capables de bien commander les 7 ou 800,000 hommes qui composent la 2e armée.

Dans l'organisation militaire de la Prusse qui, à plus d'un titre, peut nous servir de modèle, nous trouvons une institution extrêmement simple et ingénieuse qui, tout en donnant satisfaction à de graves intérêts sociaux, permet d'obtenir ce double résultat. Je veux parler de l'institution des volontaires d'un an.

En Prusse, les jeunes gens qui peuvent justifier, soit par un titre universitaire, soit par un examen, d'un certain degré d'instruction et aussi d'une certaine position de fortune qui leur permet de s'équiper à leurs frais (cette dernière condition devrait peut-être être supprimée dans la loi française), ces jeunes gens, dis-je, au lieu de passer, comme les autres, trois ans dans l'armée active, ne restent qu'une seule année au service. A la fin de cette année, ils sont forcés de passer des examens très-sérieux, à la suite desquels ils sont nommés, suivant leur mérite, officiers ou sous-officiers dans la réserve.

Ces jeunes gens, une fois leur année achevée, ne sont plus appelés que pour les rares exercices auxquels sont astreints les hommes de la réserve et de la landwehr. Ils ne reçoivent aucune solde en temps de paix, et en temps de guerre ils ont droit aux mêmes prestations que les officiers et sous-officiers de l'armée active.

Il serait utile de fonder en France une institution analogue. Les jeunes gens qui pourraient justifier du titre de bacheliers ès-lettres ou ès-sciences, de même que ceux qui seraient à même de subir un examen déterminé, n'auraient à faire qu'une seule année de service dans l'armée active.

A la fin de cette année, ils devraient passer des examens militaires à la suite desquels ils obtiendraient des grades dans la réserve ou dans la 2e armée, ou bien ils seraient renvoyés, s'ils n'étaient pas capables de les passer, dans l'armée active achever les 4 ans de service.

On aurait ainsi une pépinière d'excellents officiers et sous-officiers qui ne coûteraient rien à l'Etat en temps de paix, et qui auraient les titres et les capacités nécessaires pour se faire obéir et respecter de leurs hommes. Ces jeunes gens concourraient ensuite pour l'avancement dans la 2e armée avec les anciens sous-officiers de l'armée active.

Comme conclusion des observations qui précèdent, voici quels seraient les principaux articles de la loi sur le recrutement.

Art. I. — Tout Français doit le service militaire. Nul ne peut s'en exempter s'il ne se trouve dans les conditions (modifiées) de l'art. 13 de la loi de 1832 sur le recrutement.

Art. II. — Le contingent annuel des jeunes gens atteignant 20 ans, aptes au service, est divisé par voie de tirage au sort en 2 portions:

1re portion, dont le chiffre fixé tous les ans par une loi, ne sera pas inférieur à 100,000 hommes, appelée tout entière sous les drapeaux.

2e portion, inscrite sur les contrôles des régiments de l'armée active, n'étant jamais appelée en temps de paix, et appelée seulement en temps de guerre.

Art. III. — La permutation entre les jeunes gens d'une portion du contingent à l'autre est rigoureusement interdite.

Art. IV. — Le temps de service pour les jeunes gens faisant partie de la 1re portion du contingent est fixé à 15 ans dont : 4 sous les drapeaux ; 4 dans la réserve de l'armée active ; 7 dans la 2e armée.

Art. V. — Les jeunes gens qui présenteront le diplôme de bacheliers ès-lettres ou ès-sciences seront admis à ne faire qu'une année dans l'armée active. A la suite de cette année, ils devront passer un examen pour l'obtention d'un brevet d'officier ou de sous-officier dans la réserve ou la 2e armée. Jouiront de la même faculté les jeunes gens qui, sans être munis d'un diplôme de bachelier, seront capables de passer un examen sur certaines matières déterminées d'avance.

Art. VI. — Les engagements volontaires sont autorisés pour les jeunes gens faisant partie de la 2e partie du contingent, ainsi que pour les jeunes gens âgés de moins de 20 ans.

Les conséquences d'une pareille loi, le contingent étant fixé chaque année à 100,000 hommes, sont les suivantes. La force militaire de la France se divise en deux armées :

1° 1re armée ou armée active, comprenant 4 contingents sous les drapeaux et 4 contingents dans la réserve de l'armée active.

Soit environ 800,000 hommes.

2° 2e armée ou garde du territoire comprenant 7 contingents sortant de l'armée active, soit environ 700,000 hommes.

Total 1,500,000 hommes environ parfaitement instruits et exercés.

Concurremment avec les 2 armées, les deuxièmes portions du contingent, 50 à 60,000 hommes environ par classe, seront appelées en temps de guerre et formeront une masse d'environ 800,000 hommes destinés à combler les vides faits dans l'armée active par le feu et les maladies.

Dans l'étude que nous venons de faire, nous n'avons jamais perdu les deux principes suivants : 1° Qu'une armée ne peut s'improviser. Aussi nous constituons la force militaire de la France autant que possible avec des hommes instruits, exercés et disciplinés. 2° Qu'un homme ne peut être instruit, exercé et discipliné que s'il a passé au moins quatre années sous les drapeaux ; et nous avons pris ce chiffre quatre comme un minimum.

Un pays, a dit Napoléon Ier, ne manque jamais d'hommes pour soutenir une grande guerre, mais il manque souvent de soldats.

EN VENTE A LA MÊME LIBRAIRIE

Étude comparative sur le recrutement et l'organisation du corps d'officiers en Prusse et en France, par un officier d'état-major. Br. in-8°. . . . . 1 fr. 50

Des rapports de l'armée avec la société, lettres d'un prisonnier de guerre. Br. in-8°. . . . . 1 fr. 50

Mémoire militaire, par le prince Frédéric-Charles de Prusse. Traduit de l'allemand, seule édition complète. Br. In-8°. 1 fr.

La télégraphie militaire, résumé des conférences faites à l'École d'application du corps d'état-major, par Théodore Fix, chef d'escadron d'état-major. Br. grand in-8°, avec planche. . . . . 2 fr. 50

Considérations sur les défenses naturelles et artificielles de la France en cas d'une invasion allemande, traduit de l'allemand par Bacharach. Br. in-8°. 2 fr.

Des rapports entre la richesse et la puissance militaire des États. Mémoire lu à l'Académie des sciences morales et politiques, par Ed. de la Barre Duparcq. Br. in-8°. 2 fr. 50

Des causes de nos désastres. La proscription des armes et le monopole de l'artillerie, par F. de Suzanne. Br. in-8°. 2 fr.

Idées et réflexions sur les mouvements de la tactique moderne, par le roi Charles XV. Br. in-8°. . . . 1 fr. 50

Considérations sur l'infanterie, par le roi Charles XV. Br. in-8° . . . . 3 fr.

Paris. — Imp. H. Carion, 61, rue Bonaparte.

www.ingramcontent.com/pod-product-compliance
Lightning Source LLC
LaVergne TN
LVHW010415240826
846091LV00020B/3993

* 9 7 8 2 0 1 1 9 0 5 3 8 3 *